Library of Congress Cataloging-in-Publication Data
Brunhoff, Laurent de.
Babar's French and English word book / by Laurent de Brunhoff.
p.   cm.
SUMMARY: Babar and his friends in Celesteville introduce
simple French words and phrases to young readers.
ISBN 0-679-83644-6
1. French Language—Textbooks for foreign speakers—
English—Juvenile literature.
2. Babar—(Fictitious character)—Juvenile literature.   3. French language—
Vocabulary—Juvenile literature.   4. Vocabulary—Juvenile literature.
[1. French language—Vocabulary.   2. Vocabulary.]   I. Title.
PC2129.E5B75   1994   448.3'421—dc20   93-27873

Manufactured in the United States of America   10 9 8 7 6 5 4 3 2 1

Random House, Inc.   New York, Toronto, London, Sydney, Auckland

LAURENT DE BRUNHOFF
BABAR'S
FRENCH and ENGLISH
WORD BOOK

RANDOM HOUSE · NEW YORK

Table of Contents

Table des matières

Babar and His Family

crown

la couronne

Babar is the king of the elephants.
Babar est le roi des éléphants.

Babar et sa famille

flower

la fleur

Celeste is the queen.

Céleste est la reine.

bird
l'oiseau

Babar has four children.
Babar a quatre enfants.

nest
le nid

Two boys and two girls.
Deux garçons et deux filles.

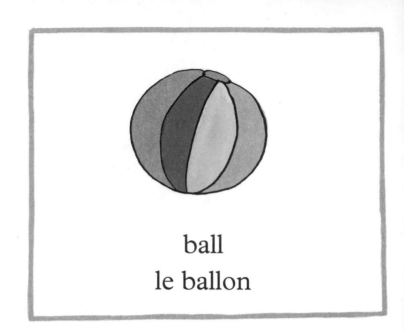

ball

le ballon

This is Pom.

C'est Pom.

dog
le chien

This is his brother Alexander.
C'est son frère Alexandre.

butterfly
le papillon

This is Flora.
C'est Flore.

key

la clé

This is her sister Isabelle.
C'est sa sœur Isabelle.

bicycle
la bicyclette

Here comes Arthur!
Voilà Arthur!

rabbit

le lapin

He is Babar's cousin.

Il est le cousin de Babar.

17

cat

le chat

The Old Lady is writing.
La Vieille Dame écrit.

bowl
le bol

She is Babar's friend.
Elle est l'amie de Babar.

book

le livre

Cornelius is very wise.

Cornélius est très savant.

hat
le chapeau

He is the oldest of the elephants.
Il est le plus vieux des éléphants.

paintbrush
le pinceau

Zephir is a little monkey.
Zéphir est un petit singe.

paint
les couleurs

He's funny, isn't he?
Il est drôle, n'est-ce pas?

23

Colors

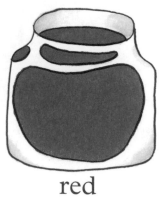

red

le rouge

orange

l'orange

yellow

le jaune

green

le vert

blue

le bleu

Les couleurs

purple

le violet

brown

le marron

gray

le gris

white

le blanc

black

le noir

In Celesteville

house
la maison

Babar lives in Celesteville.
Babar habite à Célesteville.

A Célesteville

tree
l'arbre

It is a beautiful city.
C'est une belle ville.

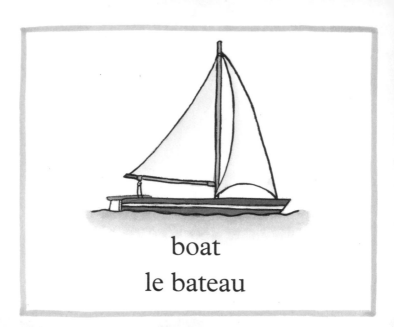

boat

le bateau

Babar is sailing on the lake.

Babar fait du bateau sur le lac.

frog
la grenouille

His boat is red.
Son bateau est rouge.

ice cream cone
le cornet de glace

The children go to the park.
Les enfants vont dans le parc.

wheel

la roue

Chocolate, please!

Du chocolat, s'il vous plaît!

candy

les bonbons

On the street there are shops.
Dans la rue il y a des magasins.

cake

le gâteau

The children love the bakery.

Les enfants adorent la pâtisserie.

bag
le sac

Celeste goes to the market.
Céleste va au marché.

carrot

la carotte

These carrots are very fresh.
Ces carottes sont très fraîches.

Fruits and Vegetables

apple
la pomme

pear
la poire

banana
la banane

orange
l'orange

strawberries
les fraises

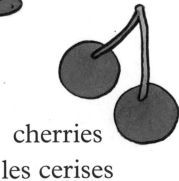

cherries
les cerises

Les fruits et les légumes

tomato

la tomate

green beans

les haricots verts

onion

l'oignon

cucumber

le concombre

lettuce

la laitue

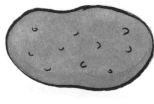

potato

la pomme de terre

At Babar's House

bathrobe
la robe de chambre

It's morning.
C'est le matin.

Chez Babar

slippers
les chaussons

Good morning, Babar and Celeste!
Bonjour, Babar! Bonjour, Céleste!

bed
le lit

The children are still sleeping.
Les enfants dorment encore.

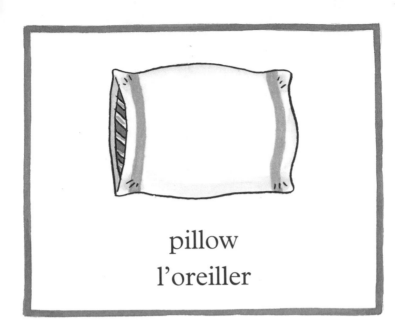

pillow
l'oreiller

Wake up, sleepyheads!
Réveillez-vous, les endormis!

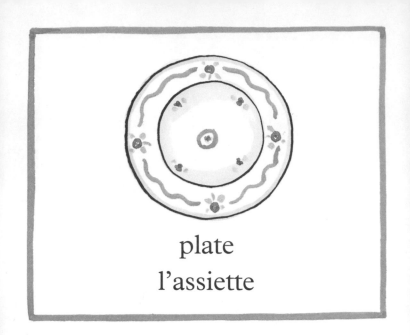

plate
l'assiette

It's time for breakfast!
C'est l'heure du petit déjeuner!

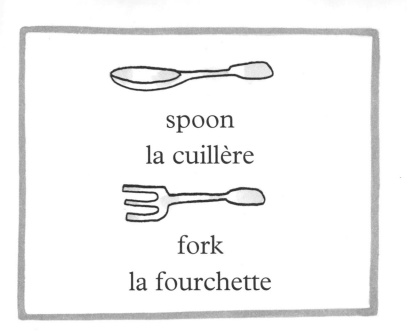

spoon
la cuillère

fork
la fourchette

Flora is eating a banana.
Flore mange une banane.

clock

l'horloge

It is ten o'clock.
Il est dix heures.

vase

le vase

Where is Alexander?

Où est Alexandre?

table
la table

It is time for lunch!
C'est l'heure du déjeuner!

chair
la chaise

Arthur is drinking grape juice.
Arthur boit du jus de raisin.

teapot
la théière

Now it is afternoon.
Maintenant c'est l'après-midi.

cup
la tasse

Babar and his friend have tea.
Babar et son amie prennent le thé.

picture

le tableau

The telephone rings.

Le téléphone sonne.

telephone
le téléphone

"Hello?" says Zephir.
«Allô?» dit Zéphir.

51

window

la fenêtre

Pom is hungry.

Pom a faim.

door

la porte

Fortunately, dinner is ready.

Heureusement, le dîner est prêt.

53

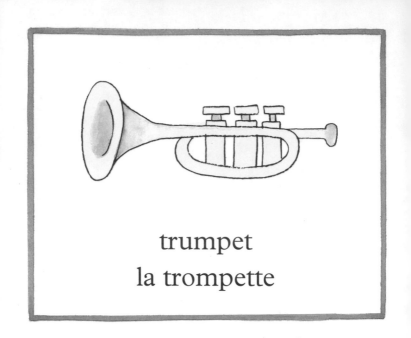

trumpet
la trompette

Tonight there is a concert.
Ce soir il y a un concert.

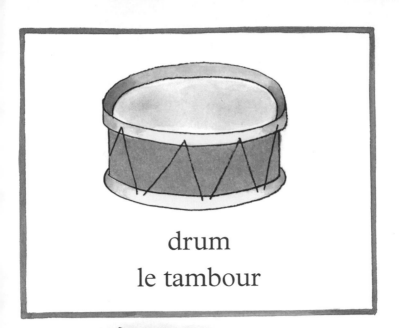

drum

le tambour

"Well done!" says Babar.

«Bravo!» dit Babar.

sponge
l'éponge

Four little elephants!
Quatre petits éléphants!

soap

le savon

One big tub!
Une grande baignoire!

57

lamp

la lampe

The children are sleepy.

Les enfants ont sommeil.

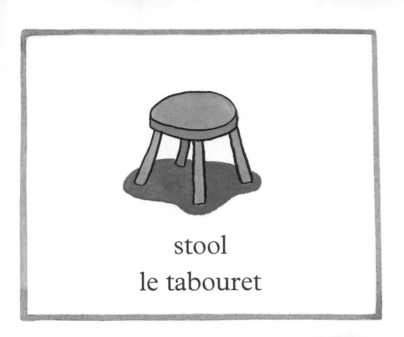

stool

le tabouret

Babar reads a story.

Babar lit une histoire.

pajamas

le pyjama

It is nighttime.

C'est la nuit.

nightgown
la chemise de nuit

Good night, everyone!
Bonne nuit à tous!

Babar's Clothes

shirt
la chemise

vest
le gilet

tie
la cravate

Les vêtements de Babar

jacket
la veste

socks
les chaussettes

shoes
les chaussures

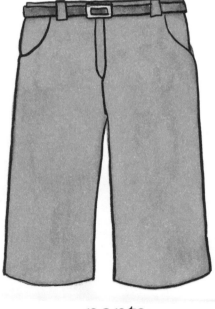

pants
le pantalon

Weather

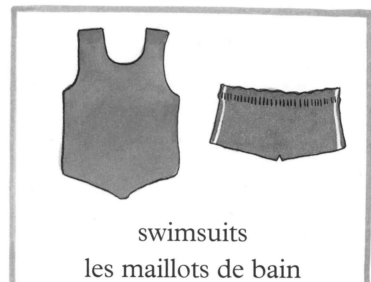

swimsuits

les maillots de bain

It's hot.

Il fait chaud.

float

la bouée

The cold water feels good.
L'eau froide fait du bien.

umbrella
le parapluie

It's raining. Drip, drip, drip.
Il pleut. Floc, floc, floc.

raincoat

l'imperméable

Let's jump in the puddles.

Sautons dans les flaques.

sweater

le pull

The wind is blowing.

Le vent souffle.

coat

le manteau

Let's go for a walk.

Allons nous promener.

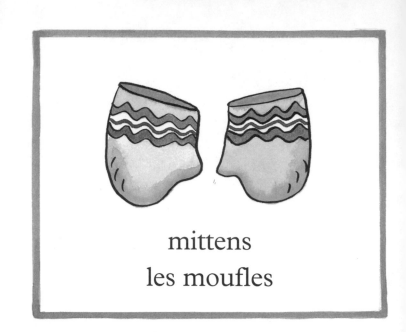

mittens
les moufles

The snow is falling.
La neige tombe.

boots
les bottines

Let's make a snowman.
Faisons un bonhomme de neige.

sandwich
le sandwich

The sun is shining.
Le soleil brille.

basket

le panier

Let's have a picnic!

Faisons un pique-nique!

Things to Eat
and Drink

egg
l'œuf

cheese
le fromage

ham
le jambon

chicken
le poulet

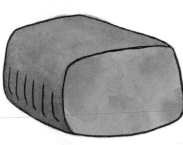

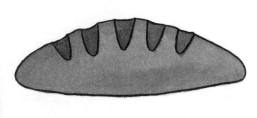

bread
le pain

Les choses à manger et à boire

soup
la soupe

milk
le lait

tart
la tarte

juice
le jus de fruit

cookie
le biscuit

Tools

rake

le rateau

There is much to do.

Il y a beaucoup à faire.

Les outils

glasses
les lunettes

The gardener rakes the leaves.
Le jardinier ratisse les feuilles.

pot

la marmite

The chef makes the meals.

Le chef prépare les repas.

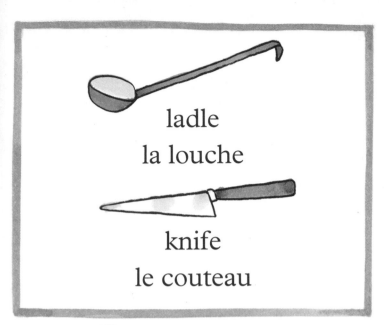

ladle
la louche

knife
le couteau

His soup is delicious!
Sa soupe est délicieuse!

hammer
le marteau

The cobbler repairs the shoes.
Le cordonnier répare les chaussures.

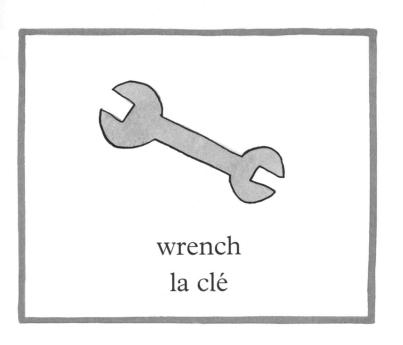

wrench

la clé

The mechanic repairs the tires.

Le mécanicien répare les pneus.

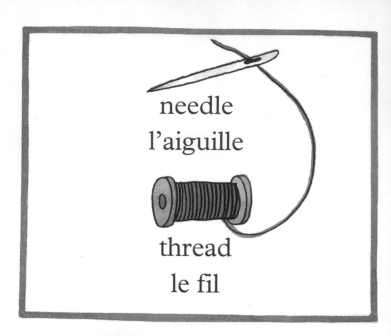

needle
l'aiguille

thread
le fil

The tailor makes the clothes.
Le tailleur fait les vêtements.

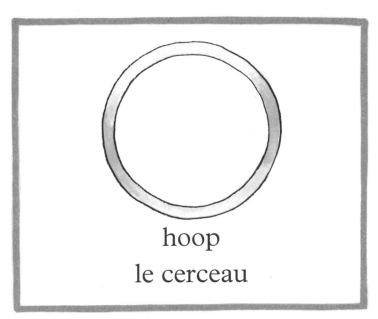

hoop

le cerceau

The clown makes everyone laugh.
Le clown fait rire tout le monde.

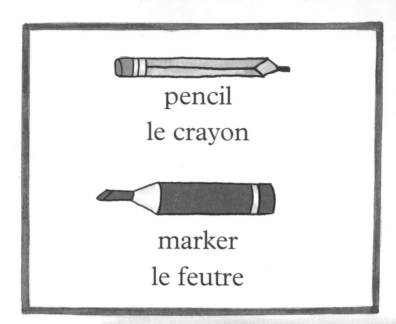

pencil
le crayon

marker
le feutre

The children go to school.
Les enfants vont à l'école.

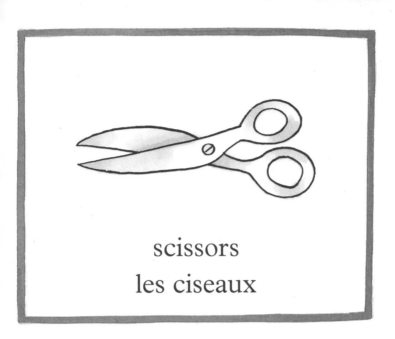

scissors

les ciseaux

Zephir is learning about shapes.

Zéphir apprend le nom des formes.

Shapes

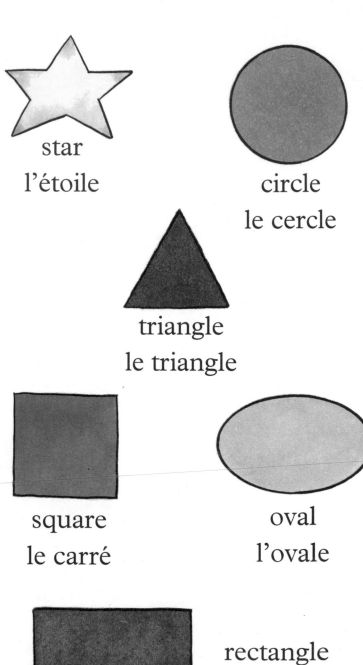

star
l'étoile

circle
le cercle

triangle
le triangle

square
le carré

oval
l'ovale

rectangle
le rectangle

Les formes

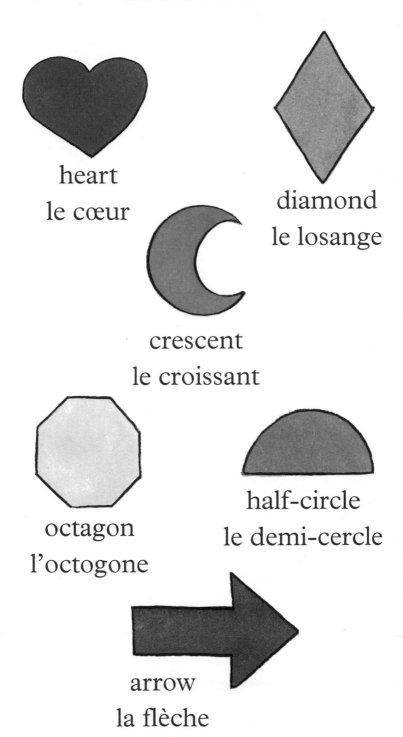

heart
le cœur

diamond
le losange

crescent
le croissant

octagon
l'octogone

half-circle
le demi-cercle

arrow
la flèche

The Days of the Week

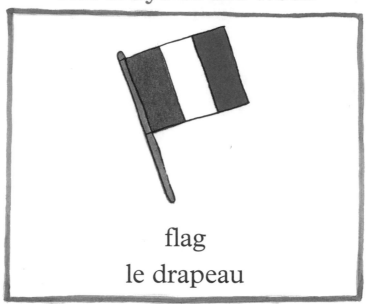

flag
le drapeau

Babar's family goes to Paris.
La famille Babar va à Paris.

Les jours de la semaine

suitcase
la valise

They arrive on Sunday.
Ils arrivent le dimanche.

telescope

le télescope

There is so much to see.

Il y a beaucoup à voir.

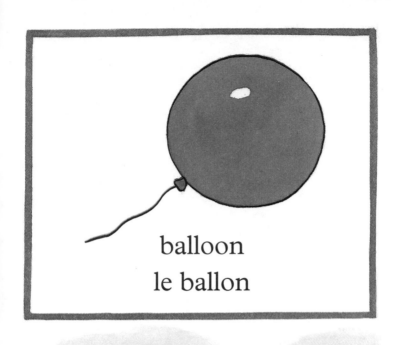

balloon

le ballon

Monday—the Eiffel Tower!

Lundi : la Tour Eiffel!

91

statue

la statue

Tuesday—the Luxembourg Gardens!

Mardi : les jardins du Luxembourg!

newspaper
le journal

Wednesday—the Seine River!
Mercredi : la Seine!

car

la voiture

Thursday—the Arc de Triomphe!
Jeudi : l'Arc de Triomphe!

pinwheel
le moulin à vent

Friday—the Louvre Museum!
Vendredi : le musée du Louvre!

camera

l'appareil-photo

They leave on Saturday.

Ils partent le samedi.

backpack

le sac à dos

Good-bye, Paris!

Au revoir, Paris!

Seasons

winter

l'hiver

spring

le printemps

Les saisons

summer

l'été

fall

l'automne

In the Garden

snail

l'escargot

Babar is working in the garden.

Babar travaille dans le jardin.

Dans le jardin

hoe
la binette

The children want to play.
Les enfants veulent jouer.

watering can

l'arrosoir

Look out, Babar!

Attention, Babar!

wheelbarrow
la brouette

Oh, that rascal Arthur!
Oh, ce coquin d'Arthur!

At the Beach

shell

le coquillage

Isabelle plays in the waves.

Isabelle s'amuse dans les vagues.

A la plage

shovel

la pelle

Pom makes a sand castle.

Pom fait un château de sable.

flippers
les palmes

Arthur swims under water.
Arthur nage sous l'eau.

fish
le poisson

He sees a fish.
Il voit un poisson.

crab

le crabe

It is low tide.

C'est marée basse.

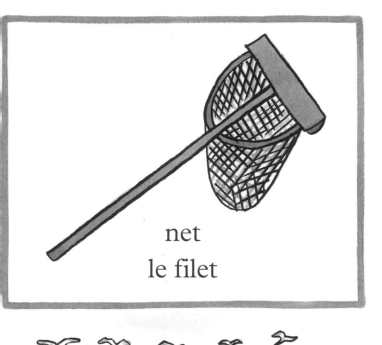

net

le filet

Let's look for shells.

Cherchons des coquillages.

In the Mountains

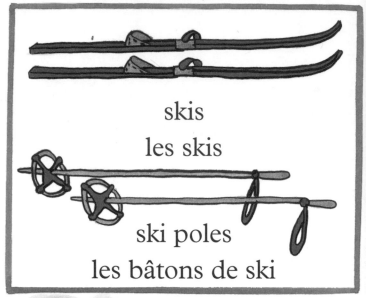

skis
les skis

ski poles
les bâtons de ski

Babar likes to ski.
Babar aime skier.

Dans les montagnes

sled

la luge

Flora goes sledding.

Flore fait de la luge.

ice skates

les patins à glace

Oh, dear! Alexander falls down.

Oh! là! là! Alexandre tombe.

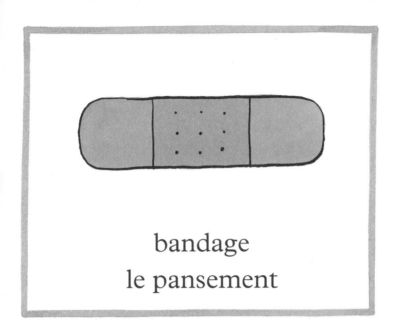

bandage

le pansement

It's not serious.

Ce n'est pas grave.

Look at Me

My ears!
Mes oreilles!

My foot!
Mon pied!

My arms!
Mes bras!

My leg!
Ma jambe!

Regarde-moi

My back!
Mon dos!

My head!
Ma tête!

My eyes!
Mes yeux!

My trunk!
Ma trompe!

Toys

doll

la poupée

"Look, Pom!" says Isabelle.

«Regarde, Pom!» dit Isabelle.

Les jouets

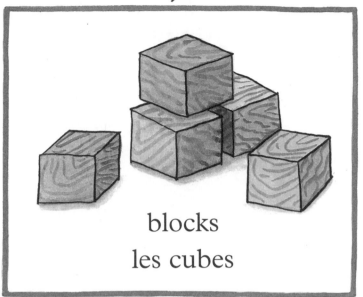

blocks
les cubes

"One for you and one for me."
«Une pour toi et une pour moi.»

train
le train

All aboard!
En voiture!

airplane
l'avion

Up we go! One, two, three!
Allez hop! Un, deux, trois!

Numbers

1

one

un

2

two

deux

3

three

trois

4

four

quatre

5

five

cinq

Les nombres

6

six

six

7

seven

sept

8

eight

huit

9

nine

neuf

10

ten

dix

Index

L'index